BEI GRIN MACHT SICH IHR WISSEN BEZAHLT

- Wir veröffentlichen Ihre Hausarbeit, Bachelor- und Masterarbeit

- Ihr eigenes eBook und Buch - weltweit in allen wichtigen Shops

- Verdienen Sie an jedem Verkauf

Jetzt bei www.GRIN.com hochladen und kostenlos publizieren

Richard Albrecht

"Dies hätte nie geschehen dürfen". Das Smyrna-Tagebuch von Garabed Hatscherian

GRIN Verlag

Bibliografische Information der Deutschen Nationalbibliothek:

Die Deutsche Bibliothek verzeichnet diese Publikation in der Deutschen Nationalbibliografie; detaillierte bibliografische Daten sind im Internet über http://dnb.d-nb.de/ abrufbar.

Dieses Werk sowie alle darin enthaltenen einzelnen Beiträge und Abbildungen sind urheberrechtlich geschützt. Jede Verwertung, die nicht ausdrücklich vom Urheberrechtsschutz zugelassen ist, bedarf der vorherigen Zustimmung des Verlages. Das gilt insbesondere für Vervielfältigungen, Bearbeitungen, Übersetzungen, Mikroverfilmungen, Auswertungen durch Datenbanken und für die Einspeicherung und Verarbeitung in elektronische Systeme. Alle Rechte, auch die des auszugsweisen Nachdrucks, der fotomechanischen Wiedergabe (einschließlich Mikrokopie) sowie der Auswertung durch Datenbanken oder ähnliche Einrichtungen, vorbehalten.

Impressum:

Copyright © 2006 GRIN Verlag GmbH
Druck und Bindung: Books on Demand GmbH, Norderstedt Germany
ISBN: 978-3-656-69945-3

Dieses Buch bei GRIN:

http://www.grin.com/de/e-book/110255/dies-haette-nie-geschehen-duerfen-das-smyrna-tagebuch-von-garabed-hatscherian

GRIN - Your knowledge has value

Der GRIN Verlag publiziert seit 1998 wissenschaftliche Arbeiten von Studenten, Hochschullehrern und anderen Akademikern als eBook und gedrucktes Buch. Die Verlagswebsite www.grin.com ist die ideale Plattform zur Veröffentlichung von Hausarbeiten, Abschlussarbeiten, wissenschaftlichen Aufsätzen, Dissertationen und Fachbüchern.

Besuchen Sie uns im Internet:

http://www.grin.com/

http://www.facebook.com/grincom

http://www.twitter.com/grin_com

Dokument Nr. K 25520 aus den Wissensarchiven des GRIN Verlags

Kommentare und Fragen richten Sie bitte an:

E-Mail: info@grin.com
http://www.grin.com

„Dies hätte nie geschehen dürfen" - Das Smyrna-Tagebuch von Garabed Hatscherian Primärquelle zum Holocaustos von 1922

von

Richard Albrecht

Unsere Texte finden Sie in unseren Online-Archiven

www.GRIN.com
www.hausarbeiten.de

und auf angeschlossenen Partnersites.

„Dies hätte nie geschehen dürfen"
Das Smyrna-Tagebuch von Garabed Hatscherian
als Primärquelle zum Holocaustos von 1922*)

Richard Albrecht

I

Selbstverständlich gilt die Morgenstern-Logik auch für alle heutigen Leugner des Völkermords an Armeniern („Armenozid") im damaligen Osmanischen Staat 1915/17 wie für ihre Vorläufer der letzten neunzig Jahre: „Das nicht sein kann was nicht sein darf ...". Aus dieser kürzlich wieder vertretenen und nicht nur turkophilen Optik[1] sind die in drei Jahrzehnten, von 1893-1923, etwa 1,8 Millionen getöteten und die etwa eine Millionen vertriebenen Armenier/innen im Osmanischen Reich[2] ebenso ein „Mythos" wie die „genozidartigen Säuberungen der Türkei" als „erste vollständige ethnische Säuberung dieses Jahrhunderts" mit etwa 1.883.000 Ermordeten und „das bekannteste Massaker der Türken" nach dem Ersten Weltkrieg an Armeniern und Griechen in Smyrna" [neugriechisch: Σμύρνη], heute Izmir [türkisch: İzmir], im September 1922[3], mit dem, so Dora Sakayan, „der Genozid an den Armeniern im Jahre 1915, sieben Jahre später in Smyrna seine Fortsetzung fand" (135).

Um dieses Ereignis – den **Holocaustos** von Griechen und Armeniern in der kleinasiatisch-agäischen Küstenstadt Smyrna 1922 – geht es hier im speziellen. Das Ereignis gab es, es wird griechisch „kleinasiatische Katastrophe" genannt wie der Völkermord an Armeniern 1915/17 armenisch die „große Katastrophe" heißt. Was geschah, fand- im Wortsinn- als **Holocaust** statt: nämlich als völlige Verbrennung von Menschen[4]. Und wie abschließend, wieder im Anschluß an Hannah Arendt [5], argumentiert werden wird: Auch dieses **genozidale Ereignis** hätte wie ein ihm folgendes und folgenreiches „nie stattfinden dürfen" – auch wenn/gerade weil beide Ereignisse 1922/23 wirklich stattfanden...

II

Soweit ich weiß gibt es bisher drei wesentliche ´westliche´ Buchpublikationen über den Holocaust in/von Smyrna 1922: das französische Buch über die letzten Tage des alten Smyrna (René Puaux: „Les derniers jours de Smyrne", 1923), den Zeitzeugenbericht des US-Diplomaten George Horton („The Blight of Asia", 1926; vgl. auch http://www.hri.org/docs/Horton/hb-13.html), und die Studie der US-amerikanischen Zeithistorikerin Majorie Houesepian [-Dobkin] über das, was in Smyrna geschah („The Smyrna Affair", 1971; vgl. auch „Smyrna 1922 – The Destruction of a City"). Diese Texte werden nun durch eine historische Primärquelle, das Tagebuch des armenischen Fach- und Frauenarztes Dr. med. Garabed Hatscherian: „Meine Leiden in Smyrna 1922" (59-129), ergänzt. Dieser Text erschien zuerst in armenischer Sprache 1995 in Montreal, herausgegeben von der Enkelin des Autors, Dr. Dora Sakayan (geb. 1931), die auch alle weiteren Buchausgaben wie die nun publizierte deutsche edierte: Dora Sakayan versah hier den Lebenslauf ihres Großvaters mit Anmerkungen (38-44), schrieb eine Einführung in seinen im Frühjahr 1923 im Exil in Saloniki (heute: Thessaloniki) geschriebenen Überlebenden-Bericht (45-55), ein subjektbezogen-erinnerndes Nachwort (131-136) und erarbeitete die Anmerkungen zum Tagebuchtext (137-151).

Den politikgeschichtlichen Rahmen spricht Dr. Tessa Hofmann, eine in Berlin lebende Publizistin, an (9-36). Dabei hebt sie weniger auf die Authentizität des Hatscherian-Tagebuchs ab als vielmehr auf den Holocaust in/von Smyrna im September 1922 als Abschluß des Armenozid genannten Völkermords oder Genozids an Armeniern im Osmanischen Staat während des Ersten Weltkriegs (vgl. auch http://de.wikipedia.org/wiki/Völkermord_an_den_Armeniern). Tessa Hofmann spricht damit auch einen wesentlichen Gesichtspunkt an: „ungebrochene Kontinuität der geheimen Netzwerke und Todesschwadronen des [jungtürkischen] Ittehad [bis Ende 1918] und der [kemalistischen] Nationalbewegung [ab 1920]" (23). Dabei ging es den seit Sommer 1922 militärisch erstarkenden kemalistischen Milizen im September 1922 in Smyrna erkennbar um eine doppelte Destruktionsstrategie: einmal um die in Kleinasien noch verbliebene planvolle „Vernichtung der griechischen Bevölkerung insgesamt" (28); und zum anderen, mit Blick auf die den Völkermord während des Ersten Weltkriegs überlebenden Armenier - so Dora Sakayan - um die Fortsetzung des jungtürkischen Säuberungs- und Vernichtungsprogramms „als sie die Armenier in und rund um Smyrna ausrotteten" – war dies doch infolge des damaligen Einschreitens von General Liman v. Sanders „die einzige Gegend in Kleinasien, die von den Metzeleien des Jahres 1915 nicht direkt betroffen gewesen war" (53). (vgl. auch http://de.wikipedia.org/wiki/-Griechisch-Türkischer_Krieg)

Die **holocaustische Zerstörung von Smyrna** als kleinasiatisch-multiethnisches Handels- und Manufakturzentrum (vor allem der Teppichknüpferei) in der Ägäis begann am 9. September 1922 durch „kemalistiche Kavallerie, die zuerst das Armenierviertel zerstörte und plünderte, bevor sie jedes christliche Haus der Stadt und selbst die Kirchen, in die sich viele Menschen geflüchtet hatten, in Brand setzten [...].

Zahlreiche Christen starben in ihren brennenden Häusern oder wurden von zusammenstürzenden Mauern erschlagen. Mindestens 120.000 Menschen – mehr als ein Fünftel der Bevölkerung - [...] seien umgekommen, darunter die gesamte armenische Bevölkerung, die nach offiziellen Angaben 25.000 betrug" (26); andere Angaben nennen 150.000 „armenische und griechische Opfer in Smyrna" und 250-300.000 „Opfer in Smyrna und Umgebung" (27); frühe Hinweise auf Plünderungen, Vergewaltigungen und Massenmorde der kemalistischen Soldateska finden sich im entsprechenden Kapitel von George Hortons 1926 erschienenem Buch[6].

„Von Smyrna überlebte nur das Türkenviertel und das türkische Toponym: İzmir" (30) - heute als „Perle der Ägäis" mit etwa zweidreiviertel Millionen Einwohnern die drittgrößte Stadt der Türkischen Republik (http://de.wikipedia.org/wiki/Izmir).

III

Im Bibliographisch-Biographischen Kirchenlexikon des Bautz Verlags (Band XXVII [2006], in Vorbereitung) findet sich zum Autor des Smyrna-Tagebuchs, Garabed Hatscherian (1876-1952), ein vom Kirchenhistoriker Dr. Wilhelm Baum (Graz; Klagenfurt), dem Gründer des kitab-Verlag, verfaßter Personaleintrag (zitiert nach http://www.bautz.de/bbkl):

„Garabed Hatscherian wurde 1876 in Bardisag in der Provinz Ismit (Nikomedien) geboren, wo es acht armenische Schulen sowie ein ausgeprägtes Kulturleben mit drei armenischen Zeitungen gab. Nach dem Besuch der amerikanischen Schule in Bardisag und des türkischen Gymnasiums in Nikomedien inskribierte er 1895 an der Medizinischen Hochschule in Konstantinopel Medizin, wo er 1901 als Frauenarzt und Allgemeinmediziner promovierte.

1908 gründete er in Bardisag eine Ortsgruppe der "Armenischen Allgemeinen Wohltätigkeitsunion" (AGBU = Armenian General Benevolent Union), die er etliche Jahre leitete und die politisch den Liberaldemokraten nahe stand. Die Facharztausbildung absolvierte er an armenischen und französischen Krankenhäusern in Konstantinopel; danach wirkte er etwa 10 Jahre als städtischer Arzt in Bursa. 1910 kehrte er nach Bardisag zurück, wo er als Arzt wirkte und an armenischen Schulen Unterrichtete. Aus seiner 1907 mit Elisa Kostanian aus Akhisar bei Smyrna geschlossenen Ehe gingen drei Söhne und zwei Töchter hervor. Im 1. Weltkrieg diente er in der türkischen Armee an den Dardanellen und in Rumänien. Unterdessen wurde seine Familie 1915 mit den übrigen Armeniern in Bardisag von den Türken niedergemetzelt; er sah seine Heimat nie wieder. Nach Ende des Krieges ließ er sich in Smyrna nieder, wo die armenische Bevölkerungsgruppe bis dahin vom Genozid verschont geblieben war und er eine Stelle als Chefchirurg und Frauenarzt am armenischen Nationalkrankenhaus erhielt. [...] Von 1919-1921 war er Mitglied des armenischen Kirchenrates in Smyrna. In den Massakern der Türken an 150.000 Griechen und Armeniern nach dem Abzug der griechischen Armee und seiner Verhaftung gelang ihm am 24.9. 1922 auf einem amerikanischen Schiff mit seiner achtköpfigen Familie die Flucht nach Mytilene in Griechenland, wo er ein Tagebuch des Untergangs der Armenier in Smyrna verfaßte. Im Frühjahr 1923 übersiedelte er mit seiner Familie nach Saloniki, wo er 1927 Vorsitzender des Gemeinderates und 1928 Vorsitzender des Justizrates [...] und im Kuratorium der armenisch-apostolischen Kirche sowie in der AGBU wurde, deren Präsidentschaft er übernahm. Er publizierte auch für armenische Zeitungen und medizinische Zeitschriften. 1950 zog er nach Paris, 1951 mit seiner Familie nach Buenos Aires, wo er 1952 starb. - Das Tagebuch des Dr. Hatscherian über die Vernichtung der armenischen Gemeinde in Smyrna gelangte nach Buenos Aires und wurde 1995 von seiner Enkelin Dora

Sakayan in Montreal in Armenisch ediert. 1997 erschien die englische Übersetzung, 2000 die französische, 2001 die spanische und griechische, 2005 die türkische im Istanbuler Belge-Verlag - der Verleger Ragip Zarakolu wurde deswegen vor Gericht gestellt - und die russische Ausgabe und 2006 die deutsche Übersetzung."

IV

Dr.med. Garabed Hatscherians **Smyrna-Tagebuch „Meine Leiden in Smyrna 1922"** ist mit der Hand in armenisch geschrieben. Auf Blatt 52, dem letzten Blatt, findet sich als Abschlußdatierung (nach dem Gregorianischen Kalender) der 1. Juli 1923 und als Ortsangabe Saloniki (Faksimilé: 57), die zweite Exilstation des Autors, in die er über Lesbos, auf welcher griechischen Insel sich der Autor vom 25. September 1922 bis 7. April 1923 aufhielt, gelangte (49).

Hatscherian ist „einer der Wenigen, der die tragischen Ereignisse von Smyrna überlebte" (45). Im Mittelpunkt des von Herbst 1922 bis Frühjahr 1923 geschriebenen Textes stehen jene „furchtbaren fünfzehn Tage" (49) vom 9.–24.9.1922. Diese zwei Wochen „Folterqualen und Entbehrungen" nach der Einnahme der Stadt durch türkische Soldateska am 9.9. und der folgenden holocaustischen Brandaktion/en am 13. September 1922 wertet der Autor als „die kritischste und gefahrvollste Periode meines Lebens" (125). Und auch wenn Hatscherian sein „gesamtes Vermögen und alle redlich erworbenen Wertgegenstände verloren" hat (125), so konnte er doch mit Familie am 25.9.1922 „die Höllenstadt" Symrna lebend verlassen.

Nachdem Hatscherian sich kurz als Arzt, der sich nach dem Ersten Weltkrieg in Symrna niederließ und es dort zu gewissem Wohlstand brachte, vorstellte (59/60), berichten die ersten Einträge Ende August/Anfang September 1922 von bedrohlichen militärischen Ereignissen: dem „Zerfall der griechischen Armee" und ihren Deserteuren, der „Offensive der Kemalisten" (61) und ihrem „türkischen Pöbel". Gleichwohl kann es der Autor „nicht glauben, daß Smyrna von Ausschreitungen heimgesucht wird, da Europäer und insbesondere Italiener und Franzosen, also wahre Freunde der Türken, einen wichtigen Teil der Bevölkerung ausmachen" (62). Trotz des in Smyrna entreffenden „wirren Schwarms von Christen aus der Provinz" (63), die vor den vorrückenden türkischen Truppen fliehen, bleibt Hatscherian „der feste Überzeugung, daß die Türken Smyrna nie erobern werden, und selbst wenn ihnen dies gelänge, würden die üblichen Gräuel nicht zu erwarten sein." (64). Und auch wenn der Autor realisiert, daß sich die Wohlhabenden darauf vorbereiten, die Stadt zu verlassen (und wie sein Schwager „auf irgendeinem Wege Mytilene [Lesbos] zu erreichen" [67]), so will er selbst nicht mit seiner Familie fliehen – eine Haltung, die Hatscherian später als verhängnisvollen Fehler wertet (125), aber noch am 7.9.1922 so einträgt:

„Was mich persönlich betrifft, so ist es meiner Meinung nach unklug wegzuziehen, da ich nie etwas Bedenkliches gegen die türkische Regierung begangen habe. Im Gegenteil: ich habe fast zehn Jahre lang als Gemeindearzt gearbeitet, vier Jahre in der türkischen Armee gedient und besitze offizielle Dokumente, die meinen tadellosen Militärdienst bestätigen. Daher denke ich nicht daran, meine gute Position, die ich nach dreijähriger rastloser Arbeit [in Smyrna] erlangt habe, aufzugeben, zumal die Gefahr so gering zu sein scheint." (65)

Bevor Smyrna am 9.9. von Türken eingenommen wird, haben (am 7.9.) die „griechischen Militärbehörden und die Polizei" die Stadt verlassen „und überall herrscht völlige Anarchie. Die Bevölkerung befürchtet, daß die fahnenflüchtigen Soldaten beginnen werden zu plündern und zu brandschatzen. Es spricht sich herum, daß desertierende Soldaten auch Magnesia angezündet haben. Smyrnas griechischer Oberkommissar [...] verließ die Stadt im Getümmel des türkischen Mobs [...] Auch der Oberbefehlshaber der griechischen Armee in Kleinasien zog mit seinem Generalstab von dannen." (65/66)

Und obwohl Hatscherian noch am 8.9.1922 die Stadt verlassen könnte – bleibt er in der „Hoffnung, daß die Türken ein zivilisiertes Volk" sind in Smyrna, „um nicht die Zukunft meiner Familie und meine Stellung mit eigenem Zutun zu zerstören." (67)

V.

Am Samstag, 9.9.1923, marschieren zunächst Vortruppen in Smyrna ein. Hatscherian, der am Rande des armenischen Viertels Hajnoz wohnt, beobachtet mittags den „Durchzug der kemalistischen Kavallerie auf dem Kai" (70). Bei einer armenischen Patientenfamilie im Hafenviertel bringt der Autor sich und seine Familie (Ehefrau, fünf Kinder und griechisches Dienstmädchen) in Sicherheit (71). Das Erwartete geschieht: bereits am 9.9. abends fingen „türkische Soldaten und der Pöbel in *Hajnoz* mit Überfällen und Plünderungen an" – vom Autor als „etwas Unvermeidliches in der gegenwärtigen Situation" bewertet in der Hoffnung, „daß sich alles regeln wird, sobald eine Regierung gebildet ist." (72)

Am nächsten Tag geht Hatscherian nach Hajnoz und sieht überall zerschlagene Haustüren, Blutspuren, geplünderte Häuser, aufgebrochene und ausgeraubte Geschäfte, eine geplünderte Klinik (73). Frauen und Mädchen werden von plündernden türkischen Soldaten entführt und vergewaltigt. Weder Griechen noch Armenier werden von europäischen und US-amerikanischen Soldaten, „auf die wir so große Hoffnungen gesetzt hatten", geschützt, sondern nur deren eigene Einrichtungen: Konsulate, Schulen, Kirchen, Krankenhäuser, Handelsinstitutionen (74).

Die Verhaftungen beginnen am 12.9.1922. „Armenische und griechische Männer sowie Jugendliche werden am Kai zusammengetrieben und zum Polizeihaus geführt [...] Ich verbringe den Nachmittag auf dem Balkon, von wo aus ich die verhafteten Christen beobachte, wie sie in Gruppen und in verschiedenen Richtungen abgeführt werden." (76)

Am 13.9.1923 gelangt Hatscherian, als osmanischer Militärveteran mit Orden behängt und mit Fes als Türke verkleidet, erneut in und um das Armenierviertel Hajnoz. Der Autor ist froh darüber, „daß unser Haus unversehrt geblieben ist" und hofft, „daß in die Stadt in einigen Tagen wieder Ordnung und Sicherheit einkehren werden" (78)

Doch nachmittags gegen zwei Uhr beobachtet er „aus der Richtung *Hajnoz* eine ungeheure Rauchwolke" (78), macht sich erneut von Hafenviertel aus auf den Weg und erkennt, daß sich „das Feuer von zwei Brandherden" her ausbreitet: „Die beiden Brandherde sind voneinander getrennt, und es ist offensichtlich, daß man das Feuer absichtlich und an mehreren Stellen gleichzeitig gelegt hat".

Es gibt eine „unübersehbare Menge von Flüchtlingen" aus dem Stadtviertel (79). Abends greift das alles verbrennende Feuer, das - wenn überhaupt etwas - nur Hausskelette stehnläßt, auf das griechische und nachts auf das Hafenviertel über. Die bedrohliche Lage bringt auch den Autor zur Verzweiflung:

„Wir befinden uns zwischen drei tödlichen Gefahren: Feuer, Schwert und Wasser. Unsere Lage ist trostlos. [...] Es gibt keine Rettung mehr, die Verzweiflung hat uns überwältigt. Das Feuer, die Schießerei und der türkische Knüttel haben die christlichen Menschenmengen von drei Seiten eingeschlossen. Als einzige Hoffnung bleibt uns nur mehr das Meer." (82)

Doch der Wind hat sich gedreht und „weht nun vom Meer zum Binnenland, so daß das Feuer in den inneren Stadtvierteln um sich greift" (83). Auch dem „Haus am Kai", in dem die Hatscherian-Familie Zuflucht fand, droht „kein Feuer mehr" (84). Der Autor, den nun „nur noch der Selbsterhaltungstrieb lenkt", versucht, „auf irgendeinem Weg aus dieser höllischen Stadt zu fliehen" (85) und auf italienische, französische, US-amerikanische Boote zu kommen – vergeblich. Besonders empört den Autor, daß „die auf dem Schiff [...] Filme drehen über das Martyrium von Smyrna, um sie ihren Landsleuten vorzuführen." Bitterlich notiert ein sich Selbstvorwürfe machender Autor im Leidenstagebuch:

„So zeigten die zivilisierten Staaten von Europa und Amerika ihre Anteilnahme und ihr Interesse an unserem Schicksal, statt uns die von ihnen erhoffte materielle und militärische Unterstützung geben zu können" (86)

VI.

Es gelingt Hatscherian nicht, mit seiner Familie aus dem brennenden Smyrna herauszukommen. Nun hat der desillusionierte Autor, der erkennt, daß „die böswilligen Türken" ihr „besonderes Programm, die christlichen Viertel von Smyrna zu zerstören", innerhalb „von zwei Tagen erreichten" (87/88), den „Wunsch, wenigstens einen Teil meiner Habseligkeiten zu retten, damit wir die Stadt nicht in einem völlig elenden Zustand verlassen müssen." (89). Gemeinsam mit einem armenischen Nachbarn versucht ein als Osmanentürke verkleideter Hatscherian, „den Fes auf dem Kopf und das Ehrenzeichen und den goldfarbenen Halbmond an der Brust", dazu mit Geld, „einem Dokument, das meine offizielle Entlassung vom Militär bestätigt und mit einem Foto von mir in Hauptmannsuniform versehen" (89), entgegen des Rats seiner Frau, übers griechische Viertel ins eigene Haus in der Basi-Straße zu gelangen (Karte 58). Dadurch wird der Autor wohl Zeit- und Augenzeuge der „verheerenden Folgen des Feuers" (90) und des „ungeheuren Schadens, den das Feuer in der Stadt angerichtet hat" (91) – aber auch als Armenier erkannt und als „Kriegsgefangener", der „gut zu behandeln" und insofern „privilegiert" ist, am 15.9.1922 festgenommen (91/92) und unter so gefährlichen wie bedrohlichen Bedingungen bis 21.9.1922 in verschiedenen türkischen Polizeistationen und Kasernen festgesetzt.

Diese fünf Tage im September 1922 mit vielen „schrecklichen Stunden", der Todesangst und dem „lähmenden Entsetzen, das uns bei jeder Annäherung eines Soldaten befiel" (109), schildert der Autor anschaulich in seinem Leidenstagebuch (91-111). Deutlich wird, daß Hatscherian diesem Inferno von Erniedrigungen und

Demütigungen, Auspeitschungen und Vergewaltigungen, Pisse und Scheiße, Krankheitserregern und Seuchenherden, Hunger und Durst, Brutalität und Sadismus, Ausraubungen und Plünderungen der kemalistischen Soldateska nur begegnen und insofern überleben konnte, weil er sich als nun 46-jähriger ehemaliger osmanischer Kriegsoffizier gewissen Respekt zu verschaffen wußte.

VII.

Zurück ins vom Brand verschonte Kaihaus am Hafen, das inzwischen von „obdachlosen Christen" überbelegt ist (112), gelingt es den Hatscherians, auf dem US-amerikanischen Konsulat für alle acht Personen „Dampfschiffkarten" à 10 Pfund zu kaufen, um endlich „aus dieser Stadt des Leidens" (112) herauszukommen und auf die nahegelegene griechische Insel Lesbos zu gelangen. Die Tage vor der Ausschiffung sind voller „Angst vor Verhaftungen" (113). Im sicheren Massian-Haus am Hafen Smyrnas, unterm „Schutz des amerikanischen Banners" (115), wartet die Familie vom 21. bis 24.9.1922. Dann gelingt es, auch mithilfe „vieler Geldscheine" (119) an einen türkischen Soldaten und „mit einem Handkoffer" ärztlicher Instrumente und „den Schmucksachen" (125) aufs Boot zu kommen. Hier freilich stellt sich heraus, daß die 80 Pfund für gefälschte Fahrkarten ausgegeben wurden: Es gab gar keine Passagierfahrkarten, so daß die Hatscherian-Familie auch ohne diese aufs Schiff kommt. In der Dunkelheit am Sonntag, 24.9.1922, setzt sich endlich eine „aus sieben Passagierschiffen bestehende Flotte unter Führung eines amerikanischen Kriegsschiffes in Bewegung" (121) Richtung Mytilene [die Agäis-Insel Lesbos] als Ort, „wo die türkische Barbarei nicht mehr herrschen wird, wo wir die türkischen Soldaten und das blutfarbene Banner nie wieder sehen werden." (121/121).

Garabed Hatscherian und die seinen werden am 25.9.1922 von armenischen Verwandten in Mytilene aufgenommen. Sie überwintern in ihrer ersten Exilstation. Im April 1923 übersiedelt die Familie nach Saloniki, der mazedonischen Hafenstadt (und Geburtsstätte von Jungtürkismus und Kemalismus), in der sie siebenundzwanzig Jahre lang in Ruhe und Frieden leben und arbeiten können. Dr. Garabed Hatscherian zieht noch 1950, hochbetagt, nach Paris und 1951 nach Buenos Aires. Dort stirbt der Autor des Smyrnaer Leidenstagebuchs 1952, und von dort gelangt sein Text 1992 zur Enkelin, der Germanistin und Sprachwissenschaftlerin Dr. Dora Sakayan, die ihn 1995 in armenischer Sprache (erst-) veröffentlicht und jetzt selbst ins Deutsche übersetzt hat.

VIII.

In einem Personalinterview hat die damals höchstprominente politische Philosophin und Publizistin Hannah Arendt (1906-1975) auf die Frage nach ihrer Reaktion auf die zunächst unglaublich klingenden Nachrichten fabrikmäßig organisierten faschistischen Völkermords an europäischen Juden durch Gas und Verbrennungsöfen 1964 geantwortet:

„Das war 1943. Und erst haben wir es nicht geglaubt. Obwohl mein Mann und ich eigentlich immer sagten, wir trauen der Bande alles zu. Dies aber haben wir nicht geglaubt, auch weil es ja gegen alle militärischen Notwendigkeiten und Bedürfnisse war. Mein Mann ist ehemaliger Militärhistoriker, er versteht etwas von den Dingen. Er hat gesagt, laß dir keine Geschichten einreden; das können sie nicht mehr ! Und dann haben wir es ein halbes Jahr später doch geglaubt, weil es uns bewiesen wurde.

Das ist der eigentliche Schock gewesen. Vorher hat man sich gesagt: Nun ja, man hat halt Feinde. Das ist doch ganz natürlich. Warum soll ein Volk keine Feinde haben? Aber dies ist anders gewesen. Das war wirklich, als ob der Abgrund sich öffnet. Weil man die Vorstellung gehabt hat, alles andere hätte irgendwie noch einmal gutgemacht werden können, wie in der Politik ja alles einmal wieder gutgemacht werden kann. Dies nicht. Dies hätte nie geschehen dürfen. Und damit meine ich nicht die Zahl der Opfer. Ich meine die Fabrikation der Leichen und so weiter [...] Dieses hätte nicht geschehen dürfen."[7]

Diese moralpolitische Aussage läßt sich auch mit Blick auf die Parallelität von Betroffenenillusionen gerade von selbstbewußten Männern wie Hatscharian, die (wie später sogenannte „jüdische Frontkämpfer" 1914/18 im nationalsozialistischen Deutschland) trotz ihres staatsbürgerlichen Paria-Status als Angehörige religiös-ethnischer Minderheiten mit minderen Rechten gleichwohl an der „vaterländischen Front" ihrer Heimatstaaten im Ersten Weltkrieg gekämpft hatten, auf

den Smyrna-Holocaust von Griechen und Armeniern 1922 als auch auf ein politisches Folgeereignis, den den Vertrags von Sèvres (am 10. August 1920 von türkischer Seite unterzeichnet) ablösenden Vertrag von Lausanne (24. Juli 1923), der auch die ägäische Küstenregion und/um Smyrna der türkischen Seite völkerrechtlich zusprach, beziehen: Einmal ist – so Dora Sakayan (54) – Untätigkeit und Verzicht von – auch militärischen – Einrichtungen der europäischen Großmächte, viele Tausende Opfer des Smyrna-Holocaust im September 1922 zu retten, unverkennbar und moralpolitisch zu mißbilligen. Zum anderen war nicht zuletzt dieser im September 1922 in Smyrna exekutierte final-vernichtende „Abschluß" des „griechisch-türkischen Kriegs" 1920/22 (http://de.wikipedia.org/wiki/Griechisch-Türkischer_Krieg) ein triumphal-militärischer Sieg des politischen Kemalismus als integrales Moment des sogenannten „türkischen Befreiungskrieges" der Jahre 1920/23 (http://de.wikipedia.org/wiki/Türkischer_Befreiungskrieg), der als „normative Kraft des Faktischen" (Max Weber) zur Revision des Sèvres-Vertrags in Lausanne führte. Insofern erscheint Staatsgründer Kemal Pasha, der spätere Attatürk („Vater aller Türken"), als (auch im Sinne Adolf Hitlers vorbildlich wirksamer) Revisionspolitiker und genuiner Vollstrecker ethno-türkischer politischer Ideologie in Form praktisch wirksamer ideologischer Politik gegenüber Armeniern und Griechen im türkischen Staat – hatten doch sowohl der „rote Blutsultan" Adul Hamid 1896, als auch der jungtürkische Führer Talaat zwanzig Jahre später, 1916, jeweils, auf Armenier bezogen, betont, daß die „armenische Frage" erst dann gelöst ist, wenn es keine Armenier mehr gibt („The way to get rid of the Armenian question is to get rid of the Armenians": 1886) und daß „die armenische Frage" 1916 insofern gelöst war, weil es (mit enklavischen Ausnahmen wie Smyrna) im Osmanischen Staat keine Armenier mehr gab („La question arménienne n'existe plus": 1916)[8]. Es ist dies eine nihilistisch-zynische Denkfigur, die sich später auch führende Nazipolitiker zueigen machten, etwa Werner Best als „Reichsbevollmächtigter" in seiner Mitteilung ans Auswärtige Amt am 4. Oktober 1943, Dänemark wäre „entjudet" (Dr.iur. Best war jener faschistische Ideologe und nationalsozialistische Praktiker, der vor 1933 in Form der „Boxheimer Dokumente" [1931] Exekutionskommandos legalisieren wollte und der nach 1933 sowohl als erster „juristischer Autor in Deutschland [...] die Existenz supranationaler Rechtsbindungen überhaupt [verneinte und zugleich] unmittelbar mit der Organisation völkerrechtswidriger Verbrechen beschäftigt" war[9].

IX.

Es kommt noch ein weiteres tragendes Moment dieser alt- und jungtürkischen, osmanischen und post-osmanisch/kemalistischen Politik hinzu: Die in die politische Mentalität und Praxis orientalischen Despotismus strukturell eingelagerte **grundsätzliche Nichtanerkennung des pacta-sunt-servandes-Grundsatzes in der internationalen Politik** führte in den letzten hundertfünfzig Jahren dazu, daß alle wesentlichen völkerrechtlichen Vertragswerke (von 1856: Pariser Friedensvertrag, der christlichen Minderheitenschutz vorsah, über 1878: Berliner Vertrag, 1920: Vertrag von Sèvres mit Gebietsabtretungen, bis 1923: Lausanner Vertrag in dessen Revision) von türkischen Regenten nicht nur nicht eingehalten, sondern strategisch unterlaufen wurden mit dem (bisher stets erreichten) Ziel ihrer zeitnahen Revision – auch dies ein vorbildliches Handlungsmotiv für den gewaltsamen Geschichtsrevisionisten Adolf Hitler, der wenige Tage vor dem den Zweiten Weltkrieg auslösenden militärischen Angriff auf den polnischen Staat seine Oberkommandieren auf dem Obersalzberg am 22. August 1939 in seiner zweiten, der sogenannten Dschingis-Khan-, (Tisch-) Rede keineswegs nur rhetorisch fragte[10]:

„Wer redet denn heute noch von der Vernichtung der Armenier ?"

X.

Ohne Gedankenexperiment zuende gedacht - verweist Hannah Arendts öffentliches Dictum: **„Dies hätte nie geschehen dürfen"** unter aktueller staatssoziologischer Leitfragestellung nicht auch noch auf einen weiter(gehend)en Aspekt: den des sogenannten ´gescheiterten Staates´ („failed state") ? Und wäre dann nicht auch ausblickend im Anschluß an und mit Hannah Arendt zu fragen, ob denn dieses am 29. Oktober 1923 als Türkische Republik [Türkiye Cumhuriyeti] gegründete zunächst postosmanische, inzwischen postkemalistische Gebilde als heutiger Staat auf den Grundlagen des Lausanner Vertrags (vom 24. Juli 1923) nie hätte geschehen dürfen...?

*) Besprechungsaufsatz zur Buchneuerscheinung: Dora Sakayan (Herausgeberin), **SMYRNA 1922. Das Tagebuch des Garabed Hatscherian**. Einleitung Tessa Hofmann. Wien-Klagenfurt: kitab, 2006, 159 p. [= Bedrohte Kulturen – Minderheiten – Aussenseiter]. Alle folgenden Zitate aus diesem Buch in Klammer mit (Seitenzahl/en). – Dr. habil. Richard Albrecht, PhD., ist Editor des unabhängigen online-Magazins für Bürgerrechte in Deutschland: rechtskultur

-> http://de.geocities.com/earchiv21/rechtskulturaktuell.htm)

[1] vgl. Cem Özgönül, Der Mythos eines Völkermordes. Köln: Önel, 2006, 317 p.

[2] Irving L. Horowitz, Taking Lives. Genocide and State Power; Transaction Books 1980, 46-48

[3] Rudolf Rummel, Death by Government; Transaction Books 1994; deutsche Ausgabe: 'Demozid'- der befohlene Tod. Massenmorde im 20. Jahrhundert; mit Beiträgen von Yehuda Bauer [und] Irving L. Horowitz. Münster: LIT, 2003 [= Macht und Gesellschaft 2], 177-202

[4] zum Begriff: Richard Albrecht, Völkermord(en). Genozidpolitik im 20. Jahrhundert. Aachen: Shaker, 2006 [= Berichte aus der Rechtswissenschaft; Allgemeine Rechtswissenschaft], 36/37 [und] 138/139

[5] Richard Albrecht, Die politische Ideologie des objektiven Gegners und die ideologische Politik des Völkermords im 20. Jahrhundert. Prolegomena zu einer politischen Soziologie des Genozid nach Hannah Arendt; in: Sociologia Internationalis, 27 [1989] I, 57-88

[6] http://www.hri.org/docs/Horton/hb-13.html

[7] http://www.rbb-online.de/_/zurperson/interview_jsp/key=zp interview_638419.html

[8] jeweils zitiert nach Albrecht, Völkermord[en], wie Anm [4], 147; vgl. auch http://de.geocities.com/earchiv21/unvoef.htm

[9] Ulrich Herbert, Best. Biographische Studien über Radikalismus, Weltanschauung und Vernunft, 1903-1989. Bonn: J.H.W.Dietz Nachf., 1996, 372 [und] 276

[10] Albrecht, Völkermord[en], wie [Anm. 4], 41